有花的日子

J-flower

超人气日式花艺设计课

J-flower 主理人 张杰师生 _ 设计

陈暖 _ 主编

中国林业出版社
China Forestry Publishing House

壹花 傍美

第一次接触 J-flower 花艺是在 2015 年的一个夏日午后，无意中看见一条插花视频，莫名被花作中的禅意、静好所吸引，由此与花结缘。

人与人之间的缘分常常妙不可言，人与花也是。与花结缘的日子，充满喜悦。每每与之对视时，内心仿若多了些柔软，在霎时，你会坦然成全自己本来的模样，笨拙或灵敏。

当然，作为一名习花新人，常常迫不及待地想要呈现花之静美，往往却又不得要领；而作为一名图书出版人，或出于热爱，或出于习惯，想要将这美好以书为载体呈现给更多心有繁花之人，让更多人感受花木深里的三寸日光。

因着机缘巧合，与 J-flower 花室（张杰创办，日本最大规模花艺设计学校在中国的首家指定教室）共同策划了《有花的日子》。这是一本风格独特的花艺书，全面呈现了花艺设计的精髓：从别样捧花、节日礼花到花艺设计、花配设计。

无法用一种词汇描摹这种花艺设计的风格，只是觉得每次静待时，它有一种治愈，既能治愈这座城市的喧嚣，又能治愈生而为人内心深处层层包裹的不安。所以，惟愿每个有缘遇见这本书的人，在这些"无用"之美里获得自己需要的滋养。

陈暖

2019 年 4 月

Contents
目录

有花的日子 / 破土而出　　1

剪红裁绿 / 欣然一处　　67

花艺设计 / 是时方盛宴　　112

别样捧花 / 一定要幸福　　168

四季花配 / 虚实之间　　210

基本技法 / 简要清通　　260

有花的日子

破 土 而 出

有花……
有花的日子……
有花的空间，有花的空气……

曾经，向往着家里可以有一束束美丽的花，让花来装扮自己的生活，想象这样的每一天都会有好心情。于是，疯狂的寻找，希望可以学习到插花的技艺，为家里插上一束束美美的花。

于是，疯狂寻找后，我遇上了MAMI Flower，并且很快确信它就是我要寻找的。然而，当真正开始接触花艺，接触了MAMI Flower一段时间后，我才发现，原来花花的世界远远不止我想象的那样简单。花花的世界有太多东西等着我去探寻、去学习。

花本来就是美的，它生长在自然中的状态本身就是最美的，并且，这种美是人类永远无法战胜与超越的。而我们花艺设计所学，恰恰是自然中剪切下来的花材的再次创作。诚然，我们无法战胜花的自然之美，却能在再创作中去寻找它的另一种可能性，展现它在自然中无法呈现的另一种美。

系统接触花艺设计之后，会发现花艺设计存在无限可能，除了盛开的花朵以外，植物的叶子、花茎、根、果实，一些不起眼的枯枝、落叶、干花等，都有着独特的美，都可以是花艺设计时的备选素材。

张杰

J-flower _ 花艺品牌创始人
MAMI Flower Design School _ 指定教师，研究科指导员
MAMI Flower Design School _ 中国协会会长

星 空

(主要素材:蜡、黑土、洋甘菊、茼蒿、大阿米芹、荷兰菊)

主题为花乐的作品展,花怎么样才会乐呢?人类喜欢旅行,喜欢去未知的地方,那么花花们是否也喜欢旅行,喜欢去未知的地方呢?我不能带它们去到真正的星空,但为它们营造了星空的效果,就做一场假想吧,假装去了星空。

秋 夜

(主要素材:绣球)

(主要素材：康乃馨、沙棘、雏菊、八角金盘、松枝)

乐丨らく

这块陶板出自在日本偶遇的一位设计师之手，她说她酷爱中国书法，所以喜欢把中国的书法融入到她的陶艺作品，她也喜欢来中国旅游，聊了很久，喜欢她身上的气质，也喜欢她的这块陶板，特别是陶板上的"乐"字。一直认为花应该是快乐的，做花的人也应该是快乐的，有花为伴的每一天更是快乐的。曾经举办过的一期花艺展，也取名为"花楽"。一切都源于这个"乐"。春节来临之际，莫名地想起了这块陶板，"乐"不正是最好的新年祝福吗？

年 轮

(主要素材: 芍药)

(主要素材:三角枫落叶、太阳菊、万寿菊、铁丝等)

秋天的气质

特别喜欢收集各种秋天的落叶,喜欢落叶独有的色彩,浓郁却不张扬,虽已枯黄,却依然有着幽雅的风姿。落叶的美代表了秋天的气质。

空中花园　（主要素材：百日草、铁线莲、紫辣椒、刺芹、荷兰菊）

巢 （主要素材：水仙、枯枝、枯草、红豆）

每年,当看到一堆水仙被排列整齐拥挤地摆放在盘子里,总觉得它们很无奈,会想它们是不是会觉得太无聊?每一棵水仙也许也想要彰显个性,并不想被列队埋没。于是为它们织了个巢,给它们足够的空间,让每一棵水仙都能诉说个性。

麦秆树皮与花 （主要素材：万寿菊、梧桐枯树皮、山归来）

自制的花器 (主要素材:紫娇花、绣球、活血丹、铁丝、铅皮)

插花并没有固定的形式，花器也没有限制，只要能给花提供水分的都是好花器。这样想的话，就会有很多新的发现，可以不断挑战新的可能性。每次也都会为这些新的尝试激动兴奋。

随作

(主要素材:切花月季、尤加利花蕾枝)

网

很喜欢拗铁丝,烦恼的时候、犯愁的时候,就会拿一捆铁丝来拗,拗着拗着,心情好了,拗着拗着就有了灵感。

(主要素材：郁金香、白杜、铁丝)

谁说报纸只能废物回收

(主要素材:驱蚊草、蓟、废报纸)

组合的乐趣

麦穗也许平时并不起眼,我们往往只是把它当做食材,而忽略了它的美。于是利用蜡制作的花器加入木片增加几分柔和,而麦穗与她们相互衬托,每一棵麦穗似乎都在诉说着什么。加入花一轮,整个设计灵动起来。

(主要素材:蜡、麦穗、木片、三色堇)

不一样的万圣节

(主要素材:南瓜、马尾松、梧桐落叶、万寿菊、红辣椒)

(主要素材：铅皮、飞燕草)

清凉的夏日午后

用金属自制的花器,形状可以自由变换。夏日的下午,室外烈日炎炎,室内因为这个花器,增添了一丝清凉。

莫兰迪色

(主要素材:棕榈叶、星芹、泡盛)

花扇

(主要素材:铁线莲、常春藤、驱蚊草)

(主要素材:枫叶)

看红叶

每年的秋季,喜欢去日本看枫叶。在金泽山路上,看到被风刮倒的这棵枫叶的枝,掉落在路边,无奈中又透露着坚强的生命力。于是把它捡起,制作成了一面镜框,远处的山坡上的枫叶映射在这个镜框中,而这棵被风刮倒的枝也再次展现出它的美,和远处的山景融为了一体。

高跟鞋　　（主要素材：青苔、绣球、油菜花、天竺葵、翡翠珠）

(主要素材：枯叶、绿叶、小辣椒、万寿菊)

缝缝补补又一年

去年做的篮子，放了一年，叶子都枯黄了，一直舍不得扔，于是拿出来，添加一些绿叶，缝缝补补又一年。

(主要素材:竹子、荷花)

夏荷

喜欢荷花的清新脱俗,而荷花一旦离开了池塘,就很难再呈现它原本的美。而且,荷花清新脱俗的气质,很难和其他的花材搭配,想了很久,最终选择了竹子,利用有相同气质的竹子制作了网面,让自然界中无法遇见的两者成为了好友,相互照应。

深秋 1　　（主要素材：香樟落叶、山楂枝、木、铁丝）

深秋 2　（主要素材：银杏枝、火棘）

书　　（主要素材：康乃馨、纽扣菊、薄荷、玛格丽特、木板、苔藓）

(主要素材:石膏、沙土、砂石、竹炭、桂皮、干果)

无花

看似没有花的花艺设计存在着无限的可能性,等待着我们去寻找。其实我们更希望把花艺与一些素材相结合,去探寻花艺的更多可能性。这个设计运用到了石膏和一些自然素材例如桂皮、竹炭、枝条、果子等等。

(主要素材:玉簪叶、薄荷、蛇目菊、藿香蓟、铁线莲)

小清新

(主要素材：山泥、苔藓、大阿米芹、八角金盘、迎春花）

破土而出

经历了一个寒冬之后，植物开始慢慢苏醒，萌芽，随后破土而出，告诉你又一年的春天到了。而春天的到来总是让人充满了期盼，多了很多的向往。

丰收交响曲

(主要素材：万寿菊、孔雀草、辣椒、百日草、雏菊、尤加利)

(主要素材:芒草、麦秆、广玉兰、康乃馨、非洲菊、切花月季)

梦境

做了一个梦,梦中有很多跳跃的音符,音律高低起伏,而花花们也跟着音符一起翩翩起舞,朦朦胧胧,似乎在云中、在雾中,看不清是什么花,但是好美。

雨季的伞

(主要素材：棕榈叶、蜡梅枝、大阿米芹、薄荷、西洋蓍草、活血丹)

线条

(主要素材:水葱、铁线莲、竹子)

金属也可以有热情

(主要素材:枯叶、大丽菊、薄荷、洋桔梗)

金属往往给人生硬、冰冷、高傲的感觉，但是加上蜡烛、泥土、鲜花之后，融入了柔和、亲近、热情的元素，金属不再生硬刻板，不再冰冷无情。

迎新年

(主要素材:竹子、水仙、茶花叶、乒乓菊、马尾松)

(主要素材:花毛茛、洋桔梗、活血丹、纱布)

花朦胧

生活中的一些素材,日常用品,也许因为生活中更注重它的实用性,而往往忽略了它的美。但是当你换一个角度去观察它,让它们与花组合在一起,你会发现它们会给你带来另外一种惊喜。作品中利用纱布的透光性,呈现了花的朦胧美。

剪红裁绿

欣 然 一 处

记得刚开始学习花艺的时候，有朋友说，"学什么花呀！交的学费还不如直接拿来投资花器，好的花器，只要随手一枝就好看。"当时竟然一时语塞，不知道如何回答是好，只觉得与花相处的时光很幸福，便也没把这话放在心上。

随着学习的深入，偶尔想起朋友的话，觉得他说得偏颇了。诚然花本身就是美的，一花一世界的禅意空间韵味深远，可是把众多的植物元素组合起来表达更为丰富的世界，又岂是一枝能解决得了的。

祝允明尝言，"不知天地间，物物有一种生意，造化之妙，勃如荡如，不可形容也。"
王冕画梅，"动之于兴，得之于心，应之于手，方成梅格。"

与花相处，每每被自然的造化之妙打动，用这些美的生命再创作，常常心存敬意和尊重。

学习花艺的过程其实是在不断了解各种植物的习性，体会季节，学习各种各样的表达方法。技巧的东西一旦掌握了纯熟了，回过头来想要用花作为语言来表达思想，"得之于心，应之于手"，那就是一条一辈子要修行的路了吧。

赵菁 | J-flower _ 资深花艺讲师

我是赵菁。

从小热爱自然，热爱植物，自幼学画，爱好书法，摄影。

大学主修的专业是服装，之后便一直在大型外资企业担任高级业务经理的职务。

2012年起接触到MAMI Flower的花艺设计，起初只是为了减压，可是没有想到花艺渐渐成为我生活中不可或缺的部分，四季轮回，花期交替，让人感受到生命的难能可贵，这是花予人的哲思。

于是，用4年时间完成了180节专业花艺课，2015年在日本以优异的成绩考取了MAMI Flower Design School的专业讲师资格，之后便辞去了原来的工作，专门从事花艺设计创作工作。

在众多花艺技巧里，更崇尚自然创作的理念，所以偏好就地取材，利用植物本身的构成，辅以花艺植物元素的语言进行作品的表达和创作。

然而，随着学习的深入，越发觉得花艺的学习遥无止境，犹如人生行舟，需要不断精进。所以，目前依然在不断研习 MAMI Flower 的研究生课程，定期参加日本花艺展览，期待能准确地借助花创作更多具有代表性的作品。

因着这些积累，作品渐渐有了自己的风格，应邀国内知名媒体发表过些许作品，每每此时内心会升腾起一种幸福感。

对于花艺，我认为动人的设计不只限于花本身，还在于创作者看过的风景、读过的书、体会过的人生。每一幅作品，都是花艺师的一次自我对话，与自我表达。

(主要素材：灯台、苔藓、野花)

廊深锁小桥

在幽深长廊的尽头搭了一座枯枝的小桥，希望每一个从长廊经过，不得不从小桥上小心翼翼跨过去的人，对山林野趣心生一丝向往。

欢乐的色彩

(主要素材:棉线、蜡菊、刺芹、辣椒、非洲菊)

蒙德里安的抽象几何图形绘画、米罗超现实主义、天马行空的点线面,都可以拿来借鉴成为设计的灵感,比对非自然色的棉线,找到接近的自然色植物元素,以色块的形式进行色彩构成,看起来既保持一致又质感各不相同,是不是有趣又欢乐。

远山如画

(主要素材:轻木、野花)

许久未画山水,心中甚是想念,不用笔墨,可以用火。

串一串美丽 （主要素材：鸢尾叶、铁线莲、大阿米芹、苋葵、星芹）

处女座 (主要素材: 鸢尾叶、茉莉、多肉植物、千叶兰)

断

重金属的肌理被娇嫩的鲜花打断,这种柔弱与强硬的碰撞不自觉忆起多年前爱听的枪炮与玫瑰。一边制作一边出神的时候,不小心手指被铅皮划破流出血来……

(主要素材：铅皮、非洲菊、多枝切花月季、百日草、美女樱、雏菊、翠珠花等)

（主要素材：灯台、百日草、雏菊、辣椒）

亦有典故

玻璃滑固定很难，枝条无处着力。灯台弯曲的线条看起来很像船舷，在玻璃上织网有一种极不踏实的漂浮感。不知怎么的就想起一位美丽女子在船头含泪对着无情人念出的那一句，"枉妾椟中有玉，恨郎眼内无珠"。小船、河水、花朵、漂浮、无助……既然有这些元素，那就把"用花配手法在水中画线"的主题表达成"杜十娘怒沉百宝箱"吧。

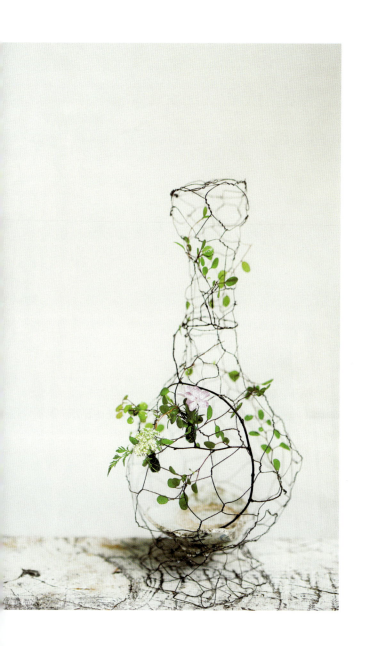

(主要素材:铁丝、千叶兰、石竹等)

青花金丝铁线开片缠枝蒜头瓶

大雨天,玩铁丝,绕着绕着手里就出现了一个蒜头瓶。找出了几年前在古龙窑边捡的破瓷片,微微有一点点弧度,可以让一支千叶兰吸到水。决定给这个作品起一个响亮的名字——青花金丝铁线开片缠枝蒜头瓶。

(主要素材:白木板、苔藓、土茴香、紫珠、千叶兰、石竹等)

空中花园

两块木板,一块劈得粉碎,另一块劈不动了,就拿来当底座。搭着搭着就出现了一个废墟上的空中花园,是不是宫崎骏的卡通片看多了。

（主要素材：竹子、雏菊）

不破不立

做完这个作品，手上有小伤口是早有心理预期的。不然怎么叫"不破不立"呢？就是手不破，竹不立。

（主要素材：山茶、海棠）

力

完全靠枝条之间的夹、撑、压、张力的平衡完成的作品。

(主要素材:一叶兰、雏菊、切花月季、洋桔梗、黄金球、六出花等)

气质手捧

才不屑用什么豪华包装纸,直接用叶子,气质是不是更好?

（主要素材：卫矛、雏菊）

秩序中的凌乱美

认识一种新植物——卫矛。拿起细看，枝条有韧性，四面有棱角，显得杂乱。但是这棱角是可以剥掉的，里面是光滑的枝。所谓可繁可简，不如表现一下秩序中的凌乱美。

(主要素材：燕皮纸、康乃馨、切花月季、雏菊、紫罗兰、石竹等)

无题

有人说这是犹抱琵琶的意境，还有人说像是京剧里的靠旗，说像风筝，说是兔子灯……做一个让大家讨论的作品也挺开心的，本来想好的名字也改成无题才对。

青椒变形记

(主要素材:青椒、尤加利、大阿米芹)

纸瓶有花

花器的材质当然有很多种,铜铁陶瓷金银玉漆琉璃珐琅竹木石……是时候反传统一下,纸糊一个玩玩。

(主要素材:漆食纸、芒萁、蜡菊、切花月季、雏菊、大丽花等)

花一轮的构成

(主要素材:鸢尾叶、竹、紫叶李、雏菊等)

天秤座

(主要素材:麦冬、薄荷叶、绣球、海棠果、澳蜡花等)

(主要素材:竹炭、红豆、水仙、松)

炭与花

记得做完这个作品时满手黑炭,脸上都抹了几道痕。

花艺设计
Flower Design

是 时 方 盛 宴

所谓花艺设计，就是将自然界的各种植物，根据不同的目的，引入各种各样的生活空间，发挥其作用，享受其乐趣，同时以此为素材创造自己的世界。

花艺设计适用于各种公共场所、仪式、家居、个人装饰以及个人创造等等。

花艺设计是以植物为主要原料和素材，有目的性进行创作，对环境起到一定作用，花艺设计一定是美丽的。

这些师生的作品包含有基本的几何造型、别致的墙面设计、实用的花篮礼物等等，用途多样、丰富多彩、采用的材料也别具一格，有常规花材、干花压花、蜡烛甚至蔬菜也可以和花一起装点我们的生活空间。

何欢　　花艺设计高级

(主要素材：切花月季、苍兰、六出花、珍珠绣线菊、灯台、尤加利花蕾枝)

破晓

两支粉色玫瑰似一对热恋中的爱侣，站立在橙黄色钻石玫瑰塑造的浪漫破晓霞光之下，枝条似暖阳的光芒无限延伸，寓意彼此间绵长的情意。朵朵雀跃绽放的小百合如啼莺为这份爱意吟唱。

紫阳花小扇

紫阳花花瓣,随着扇子的摇动,散开飘在空中,化身夏夜里的萤火虫和繁星。

(主要素材:紫阳花压花)

姜蕾　讲师

Flying Dreams

选用一整根柳树枝干,去除多余的柳树叶。利用柳树的枝条分叉和枝干相互编织成网,疏密相间入花。让花儿可以在空中飞翔盛开。

苏轶凡　讲师

(主要素材:柳树枝、小雏菊、小康乃馨、风铃草)

姜蕾 讲师

(主要素材：樟树叶、樟树枝、大丽花、常春藤)

生命待续

春天，樟树开始褪去陪伴了一个冬天的叶和细枝，回归大地。与此同时，花儿们竞相开放，展露娇颜。大自然展现着生生不息的轮回和延续。

刘梦菩 讲师

瓶聚

生长在不同地方、不同种类的花在瓶子里相聚了。花落终有时，萍聚已是欣喜。

(主要素材：树兰、多瓣银莲花、康乃馨、洋甘菊、翠竹、龙柳、木贼)

钱佳玄 讲师

(主要素材：郁金香、小菊、翠珠花、飞燕草、金槌花、常春藤以及其他辅助叶材)

治愈

大自然被创造的时候就预备了最好的疗愈。"自然胶囊"被打开，小花们快乐地舒展开来，愿她们成为你生活中的一剂良药，让你的心充满喜乐与平安！

金梦 专攻课

(主要素材：红豆、兰花、鸡冠花、竹)

穿越

笔直站立的竹筒上端穿越出花枝。宛如女性发髻上的发簪，温婉平静。同时，笔直挺立的竹竿，破势而出的花朵也象征着当代女性的独立精神以及勇于追求梦想，绽放自我的心态。

金梦 专攻课

(主要素材:竹皮、柳条、漆食纸、高粱)

虎皮挂毯

将竹皮撕成条状,与其他素材一起,以编织的手法编入铁丝网内。色彩的深浅,交织成一副自然的挂毯。

胡瑶　讲师

(主要素材：洋桔梗、千日红、尤加利、小野花、野草)

平衡的花

天然素材的使用模仿大自然存在的植物—椰子壳，作为花器制作它可以反复利用的装饰品，无论挂在院子里还是室内都能和谐地融入自然环境中，可爱有趣。

刘梦菩　讲师

（主要素材：小雏菊、石竹、满天星、大阿米芹、米果、薄荷、千叶吊兰、季节性绿色草叶等）

器皿的装饰

让简单的花器披上多彩的外衣。季节性的花材中加入跳脱的藤蔓类植物让作品更为生动有趣。

王雪　花艺设计中级

（主要素材：鸡冠花、切花月季、紫罗兰、兰花、千日红、尤加利等）

常志银　花艺设计中级

（主要素材：中国桔梗、康乃馨、格桑花、藿香、雏菊等）

陈丹 讲师

(主要素材：多枝切花月季、刺芹、小菊、藿香蓟、狼尾花、常春藤、其它辅助叶材)

美的礼物

在美好的日子里，邀上三五知己，赏花、喝茶、聊天，在茶香氤氲中，不知不觉已沉醉。这款礼品花篮，设计简约，花色清新，低调不张扬，有着浓浓的文艺气息，是馈赠友人的上佳选择。手工制作花篮心意浓浓，享受朋友之间互赠美好礼物的乐趣。

李霞　讲师

(主要素材:二月蓝、切花月季)

餐桌花

进餐时,总有桌花陪伴着你的欢笑,共享着你对美食的热爱。放松,是在聊天正酣时瞥见花儿正对你微笑的瞬间,它不说话,只是静静地立在那里,便很美好!

树叶手提包

利用植物给自己做一个独一无二的树叶小包。随着时间的流逝,茶树叶逐渐干枯变黄,又是另一种风格。

金梦　专攻课

(主要素材:长春花、茶树叶、小野花)

暖光

温暖的粉色玫瑰和轻盈的常春藤叶,形似烛光的灵动和温暖,围绕在周围的小雏菊和石竹更显纷繁和立体的美好。

穆雨霏　花艺设计初级

(主要素材:粉色切花月季、银叶草花、石竹、小雏菊、常春藤)

生活家

余冠颖　花艺设计中级

(主要素材：鸡冠花、雏菊、金盏菊、熊掌木、波斯菊、黑种草、刺芹、龙柳、枯枝)

是时方盛夏

正值夏日，应季的繁花映入眼帘，让人爱不释手。既然有花，有时间，索性做一次欢趣的尝试。相比设计，我更认为是夏日赋予了花朵潇洒绽放的生命。长藤过夏花，怎么搭配都是一个美丽的小花园。令人悦目的作品只属于那个夏天，那个风物自潇洒的盛夏。

破茧而出

谢莎　讲师

(主要素材:丁香、麻叶绣线菊)

本作品是以蚕茧本身的形态为基础,借助"器皿的重叠"原理,通过直接从蚕茧抽丝对蚕茧进行组合固定,形成新的花器形态插花。

巫晓雯　讲师

(主要素材：芍药、切花月季、木绣球、郁金香、大葱)

多彩世界

多彩的鲜花与多色的绒线形成颜色冲击。感受色彩的神奇，体会多彩的生活。

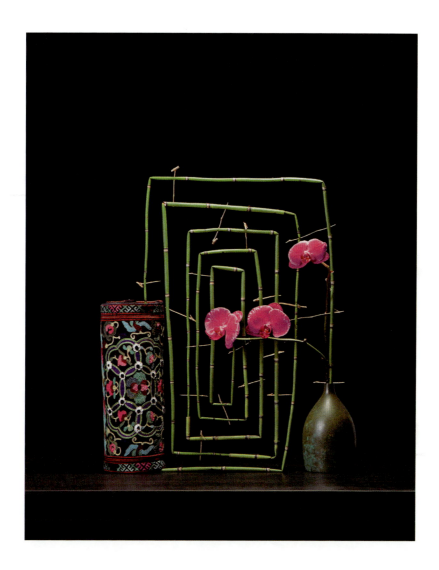

穿越时光隧道

苗绣中的蝴蝶,穿越漫长的时光隧道,再生转世成美艳的蝴蝶兰。

张杰　J-flower 花艺品牌创始人

(主要素材:木贼,蝴蝶兰)

纪荣　讲师

(主要素材:藿香蓟、切花月季、荷花、石竹、火焰翠菊、商陆、柳树枝、孔雀竹芋叶)

调色盘

用枝条编成一张网搁在花器上,将不同色彩形状的花朵整齐地排列成色块,用花材完成一幅自己的蒙德里安。

龚晓　讲师

(主要素材：雏菊、金盏菊)

旋

花花们扭动起来吧，这是花花们的集体舞。

周劫慈　花艺设计中级

(主要素材：格桑花、黑种草、多头康乃馨、洋桔梗、金盏菊、六出花、龙船花)

放射的缤纷

以多种多色的纤细花茎花卉制作放射状的花艺造型。线条感柔美的花材，能呈现出灵动自然的形态。多种色彩的花材和绿色细长叶片的组合，则展现出缤纷盎然的生机。

餐桌花环

使用春天的小花的花环,加入有分量感的叶子填补空间,是适合装饰餐桌的花环设计。

朱嘉　专攻课

(主要素材:格桑花、藿香蓟、康乃馨、雏菊等)

林中拾枯

使用干枯的花环为底,犹如漫步冬日杉树林中,点缀的干果、树叶即是随手俯拾的自然小物,色系上采用灰白、咖啡、雅紫,不突兀,协调而有序分布,表现生命力在凋零之时的最后能量与期冀。

闵春燕　花艺设计初级

(主要素材:干银叶菊、干芒萁、勿忘我、干刺芹、干澳蜡花、橡果)

周蓉　　讲师

(主要素材：芍药、多枝月季、蛇目菊、洋甘菊、烟树、贝母花、铁线莲叶、锦葵)

弗洛拉

在花泥两侧插入合适的有分叉的干树枝固定为花篮的提手。再用丝带草编织在包裹花泥外的铁丝网上，制作出自然感的花篮底座。选择自然野趣的花材插入花泥，造型出花儿自花篮溢出的效果，想象希腊神话中的佛洛拉精灵提着花篮行走在花田的梦幻感。

春天协奏曲

各色小花编成一串,围成圈放置于花器之上,如同将当季最美的色彩浓缩在盘中。

纪荣　讲师

(主要素材:丁香、切花月季、绣球、风铃草)

玫瑰舞

这件苗绣的腰带很长,想象它的主人穿着它翩翩起舞,腰带随着舞步飘逸,一定很美。如今,腰带一定还想再跳一支舞以展现它的美吧!于是加上一枝玫瑰来伴舞。

张杰　J-flower 花艺品牌创始人

(主要素材:玫瑰、山归来、女贞果)

被风吹过的下午

花材依次构成有倾斜度的平行线,描绘一个被风吹过的下午,大自然伸了一个优美的懒腰。

张洁莹　花艺设计中级

(主要素材:一叶兰、多头凤尾、尤加利叶、翠菊、小雏菊、珍珠绣线菊、熊掌木)

金梦　专攻课

(主要素材:漆食纸、竹、麻叶绣线菊)

镜框的重叠

漆食纸只有在日本才买得到,兼具古朴与素雅。拿到一张,一点也不想浪费。由外向内裁出大大小小数个纸镜框,再重新组合,以竹枝相连。物尽其用,即小见大。

守望

用敞口的铁器花器,用灯台的树枝编织成细小的框架入花并固定。在框架上利用花的聚集形成不同的色彩拼图。选用枝条优美的灯台枝条从器口伸出低垂,与花的拼图相望呼应。

苏轶凡　讲师

(主要素材:灯台树枝、小雏菊、芍药、茴香)

何欢　花艺设计高级

（主要素材：格桑花、穗花、灯台、银叶菊、新西兰叶）

枝影横斜

线条丰富的枝叶纵横交错，或疏或密、或曲或折。零星缀以几朵花色浓淡有致的格桑花，杂中有序、各舒其美、互相映衬。

别样捧花
Bouquet

一 定 要 幸 福

最原始的手捧花束其实是这样形成的，人们在大自然看见满山遍野的美丽花朵，情不自禁摘下来放在臂弯，一边走一边摘一边欣赏沿途风景，走着走着不知不觉中那一束野花也就变成了美丽的手捧花。

经历了两个多世纪的变迁，手捧花早已不再是简简单单将各种花材集合到一起，而是在造型、选材、个性、美感等等各个方面都有非常高要求的一种花艺设计。

MAMI Flower Design School 的手捧花在日本享有盛誉，自 1962 年建校以来，MAMI 女士曾多次受到日本皇室邀请进行花艺表演，美智子皇后出行的手捧花也经常指定由 MAMI Flower Design School 专门定制。

J-flower 作为 MAMI Flower Design School 在中国的指定教室，手捧花是特色课程之一，在小小的花束空间尽显设计的魅力。

MAMI 风格的手捧花款式新颖别致，就算是常规捧花，由 J-flower 花艺教室的师生制作出来，捧花的空气感也是普通花店所达不到的专业高度。因为我们专注捧花里看不见的功夫，关注每一朵花的姿态，尊重每一朵花的生命，让每一朵花都可以在花束中找到合适的位置呼吸。

张杰　J-flower 花艺品牌创始人

(主要素材：铁线莲、豌豆花、绣球、黑种草、驱蚊草)

花托的故事

19世纪，欧洲的贵族小姐常常手里拿一个银制的精致花托，花托里放一小束香草及鲜花制作的小花束，用银针穿过固定。然后，穿着长裙礼服去参加晚会。晚会上跳舞时，花托底部有一个勾可以穿过小指，把花束倒挂在小指上跳舞。而这种花托因为本来就是贵族的定制物品，市面上乃至找遍欧洲的古董店，也很少能遇见，即使遇见应该也是价格不菲。于是，用金属铜片，金线铜线模仿着制作了一个，学一学贵族将花托倒挂在小指上跳舞。

刘勤　　花艺设计中级

(主要素材：细竹、松枝、雏菊)

刘勤　花艺设计中级

(主要素材：细竹、松枝、雏菊)

系

思有所牵，心有所系。花与木攀连，洁白与翠绿交映。以细竹搭构框架，加以穿插编织的松枝，雏菊点缀。略带古意，柔美不乏韧性，秀色中有气象。

复合玫瑰手捧花

用每一片花瓣重叠创造另一朵,这是一朵专属于你的复合玫瑰,它是爱的终极表达,或许此生挚爱之情就藏在你的那朵复合玫瑰里。手捧花上每一片花瓣,都是上天对美好婚姻的祝福。

梁静　讲师

(主要素材:切花月季花瓣、薄荷、常春藤、芒萁)

微爱

微不足道并不起眼的纽扣菊不艳丽很平凡,一般会作为配花,喜欢她的清新舒爽,时时充满生机与活力!花语:我的爱比你的深。

黄锡燕　花艺设计高级

(主要素材:纽扣菊、土茴香、海棠果)

刘梦菩　讲师

(主要素材：一年蓬、绿扣雏菊、绣球、常春藤)

花童手提花篮

小巧的花篮充满童趣，正宜提在天使般花童的手里，为婚礼增添活泼俏皮的气氛。

阳光星球

小小的纽扣菊微小却像一个个小太阳,春日的暖阳里也格外绚丽,圆象征完美,也是对自我追逐的一个起点和循环,纽扣菊与火龙珠的呼应增加了活泼的气质。

刘芸芸　花艺设计中级

(主要素材:小雏菊、海棠果)

青葱岁月

青春岁月,似水流年。有青葱的辛辣,也有花朵的香甜。

刘梦菩 讲师

(主要素材:芍药、洋桔梗、多头刺芹、百子莲、六出花、水葱)

金梦 专攻课

(主要素材:青叶朱蕉、松虫草、百子莲、薄荷)

新娘手捧

将朱蕉叶折叠串连制成底座,利用叶片的缝隙固定花朵。波浪褶皱型的底座上镶嵌洁白的鲜花,别致而又带有古典韵味。

倪嘉　　专攻课

(主要素材:白色切花月季、六出花、大阿米芹、铁线莲)

天心月白

错落珍珠与璎珞。我愿双手奉上时间和心意,给珍视的人。

朱嘉　　专攻课

(主要素材：切花月季、洋桔梗、熊掌木)

粉色漩涡

特别的捧花制作手法，深粉色玫瑰与浅粉色洋桔梗的花瓣互相交错，形成了一个粉色漩涡。

岳琳琳　讲师

(主要素材：石竹梅、藿香蓟、薄荷叶、孔雀草、麦冬)

棒型捧花

区别于一般的球形或瀑布型捧花，像仙女棒一样特别，一样绚烂。细身的线条非常具有设计感。

刘梦菩 讲师

(主要素材:洋桔梗、康乃馨、中国桔梗、八角果)

对比色捧花

用有强烈冲击感的色彩搭配,诠释花儿奔放又热烈的情绪。

龚晓　讲师

(主要素材：六出花、银河叶、新西兰叶)

飘舞的风铃

垂下的六出花就像风铃的小铃铛，穿裙子的姑娘捧着，随风飘舞。该手捧设计也可做新娘手捧。

朱嘉　　讲师

（主要素材：中国桔梗、
大阿米芹、常春藤）

花环手捧

由两个小花束拼接而成
的带有弧度的手捧花，垂
下的藤条随风轻微飘动，
是带着仙气的手捧花。

张洁莹　花艺设计中级

(主要素材：切花月季、康乃馨、宽叶补血草、刺芹、二月蓝、熊掌木、石竹)

永远的少女心

粉紫色系渐变手捧。置于中心的粉色重瓣花朵由拆分的玫瑰花瓣，通过铁丝加工而成，代表着心中不会因年龄增长而磨灭的的纯真少女心。

夏日烟火

作品采用洛可可手法,撷取夏日常见的几类花材,配以绿叶,带来夏日清新感,可放在玻璃瓶中装点盛夏的房间。

龚晓　　讲师

(主要素材:洋桔梗、格桑花、千日红、非洲菊等)

拾忆相聚

用红粉色系的玫瑰、不同颜色的小花和绿色香草,以多彩的颜色代表往昔欢乐的时光。

夏如君　花艺设计初级

(主要素材:切花月季、薄荷、千日红、黑种草、小康乃馨等)

一捧心意

这束手捧花设计适合做礼物赠与朋友,于是采用了粉玫瑰做中心花,粉玫瑰有赞美之意,配以小花,绿叶衬托。

龚晓　讲师

(主要素材:切花月季、孔雀草、小雏菊、穗花、薄荷叶)

张杰　　J-Flower 创始人

盼春来

经历了一个寒冬之后,枯树开始冒出嫩芽,慢慢变绿,可是等不及了,什么时候开出花朵呢?于是给树上挂一串花,期盼着春天的正式到来。

金梦　　专攻课

(主要素材：切花月季、洋桔梗、孔雀草、翠珠花、格桑花、天人菊、紫珠、黄馨)

臂弯捧花

在花茎上缠绕铁丝，借助铁丝的力量弯曲花茎，制作出带有弯曲度的捧花。选择轻巧纤细的花，营造自然的弯曲感。捧花抱在臂弯，鲜花向下溢出，提现女性的知性、优雅。

赵菁　　讲师

(主要素材:风信子,蓝星花,薄荷,驱蚊草,玉簪叶)

一定要幸福

在西方,婚姻幸福需要有一点新,一点旧,一点借来的和一点蓝。所以新娘以白色为主的手捧花中选用了蓝星花,并且加入薄荷,驱蚊草等香草植物,让新娘手持手捧时有个好心情。

制作的过程中,每一朵小花都单独保水,以延长手捧花使用时间,将手捧花用细长的叶兰茎收尾,与新娘的古典礼服搭配,凸显高贵气质。

节 日

节日，是指生活中值得纪念的重要日子。

一些节日源于传统习俗，比如春节、中秋节；也有源于宗教，比如圣诞节、万圣节；还有源于纪念，比如端午节、国庆节、母亲节等等。

在这些重要的日子里，正是用鲜花来表达感情，展现美以及给亲朋好友献上礼物的好时候。

但是你知道，春节的时候该用什么植物来装点家？万圣节的南瓜和鲜花如何愉快的玩耍？母亲节除了康乃馨的花束我们还能送出更美的花儿吗？圣诞节除了花环还有更特别的装饰品吗？

李霞　　专攻课

(主要素材：雪松、切花月季、大阿米芹、红豆、乌桕)

红酒杯圣诞树

圣诞，是雪松和红玫瑰的圆舞曲，是平安和幸福的祝祷。旋转起来吧！与雪舞，随花飘，转着转着就转到了新年里。

苏宇　　讲师

(主要素材:竹、苔藓、枸骨、六出花)

正月竹

考虑适合庆祝正月的花艺设计,使用竹等相关素材制作的组合花艺装饰。

周劼慈　花艺设计中级

(主要素材：风信子、花毛茛、雏菊、绣球、小苍兰、空气凤梨、常春藤、大阿米芹)

花卉礼盒

利用随手可取的材料制作礼盒，用空气凤梨搭配各色鲜花花材，小小的礼盒似乎装载不下满满的心意。利落的空气凤梨，配上繁复热闹的风信子和线条感极强的兰花，多元的花材搭配，让礼盒看起来更为丰富。

李霞 | 朱嘉 | 关惠文　专攻课

（主要素材：松、松果、红豆、卫矛）

卫矛圣诞树组合

娄睿佳 兴趣课程

(主要素材:花毛茛、切花月季、绣球、空气凤梨、常春藤、大阿米芹)

戊戌大吉新年花盒

刘梦菩 讲师

(主要素材：松枝、肉桂、山楂、高山刺芹、冬青、尤加利果、松果、米果、干木棉等应季果实)

圣诞花环

怡红快绿给寒冬腊月带来春的气息。

张丽萍　花艺设计中级
　　　　　花配高级

（主要素材：水仙、切花月季、常春藤、薹草等）

未等花开

送给朋友日常的鲜花，大多是鲜切花。那么，用一点点小小的心思，试一下尚未开放的花朵，看着它从含苞到开放的过程。把水仙的花球茎用苔藓包裹，再用吸水纸保水，放进之前备好的篮子里。再在篮子的外边做个你喜欢的造型。做好后，静待水仙花开吧！

圆盘上的圣诞

层层叠叠的绿叶串成一个环,在叶子的缝隙间有高低错落的红色花儿和果子,一个别致的桌上圣诞花艺诞生了!

蒋笑茵　讲师

(主要素材:鸟巢蕨、切花月季、青葙、珊瑚樱)

冬·颂

光滑的竹子、整洁的松枝、鲜艳的南天竹组合,加入葱绿的小苔藓球,为整个造型增添了一丝俏皮。传递出严寒中讴歌生命的重要,植物的顽强生命力,庆祝新年来临之际的快乐。

李苇　　讲师

(主要素材:竹子、松枝、南天竹、绿苔藓)

花里·花礼

人们喜欢借花传情,透过大自然的作品表达自己的心意。这是一款实用的花篮结合礼品的设计,充满巧思,能够让收礼者感受到送礼者的用心。为大气的蝴蝶兰与清香的荔枝玫瑰,主宰着视觉焦点。铺面除了一般常用绿叶之外,撕瓣使用的红色鸡冠花则有着不一般的趣味。最终系上竹签与花果,如礼品缎带一般。

赵英冉 花艺设计中级

(主要素材:切花月季、蝴蝶兰、鸡冠花、红豆、澳蜡花、尤加利花蕾、新西兰叶)

心意

倪霞　　花艺设计初级

(主要素材：洋桔梗、千日红、切花月季、尤加利叶)

四季花配
HANAKUBARI

虚 实 之 间

花配 | Hanakubari

花配是 MAMI 学校的专用说法,也是 MAMI 学校独有的一种插花形式,是一种特殊的固定方法、利用各种自然素材,比如植物的枝、叶、茎、根、藤、花等,又如石头、竹炭、金属等等材料,让花朵自然站立的固定手法。

花配手法与花道中使用的剑山、花艺设计中常用的花泥不同,因为用到的都是自然素材,不需要将固定部分遮掩起来,它们本身就是设计的一个部分、是美丽的支撑方法,所以是可以被看见的,不需要隐藏,这是花配最大的特点。而传统的插花形式,用来固定的材料往往是隐蔽的、不可以被看到的。

最早的花配灵感来源于日本古代的生花手法,1979 年 MAMI 女士特地把这种传统的固定手法演变成形式多样的固定设计,从而创造了 MAMI Flower 的花配手法。设计这种手法的初衷也是想将植物的各个部分没有耗损地利用起来,也是出于枯枝搭成的架构可以反复利用的环保概念。花配固定方法的设计,是爱花人设计的心意。

夏正姝　讲师

(主要素材：蜡梅干枝、花毛茛、切花月季、瓜叶菊)

花的立体几何造型

用蜡梅干枝做出方形立体大框架，在方形框架里面做出三角形可以配置花的结构，形成一个双几何立体造型。

苏宇　讲师

(主要素材：蜡梅枝、洋桔梗、百日草、梦幻蜡菊、六出花)

飞出水平面

用蜡梅枝搭架平面固定花材的花配手法，花与枝条平面垂直，可以直接看到有美感的固定材料。同时选用高饱和度的花材体现浓厚的秋意。

苏轶凡　讲师

(主要素材：铁树叶子、大阿米芹、翠菊、干柳条)

独舞

铁树叶子的叶瓣一根根取下，中间开口互相穿插，利用铁树叶穿插组合的平衡和间隙形成立体的框架入花。

姜蕾　讲师

(主要素材：矢车菊、韭菜花、鸟巢蕨、一叶兰、络石)

远山近水

一盆、一枝、花与叶，亭亭玉立，婀娜多姿。

金梦　　专攻课

(主要素材:切花月季、大阿米芹、尤加利、千日红、翠菊)

Endless

整齐排列的花茎支撑花朵在高处聚集,形成无尽的圆。方形的花器与圆形的鲜花造型形成对比。首尾相接的圆,象征着幸福圆满。

朱嘉　　专攻课

(主要素材：鸟巢蕨、龙柳枝、澳蜡花、翠菊、红柳枝)

花配拼图

在方盘上制造格局，拼接各种素材，体现它们不同的颜色、质感，折叠后的鸟巢蕨为花的插入制造了空间。

纪荣　　讲师

(主要素材:落叶、竹枝、小雏菊等)

秋

将落叶按照深浅渐变色调依次排列再串在一起,在盘中展现秋意渐浓的季节景象。

潘璐 讲师

(主要素材：竹、黑种草、翠珠花、康乃馨、六出花、苔藓)

竹影

通过竹子，竹枝与花、苔藓的立体架构呈现。粉色、白色翠珠，蓝色黑种草，粉色六出花，紫绿色康乃馨与翠竹、苔藓的呼应，映衬出夏天季节感的庭院竹影，空间色彩的跃动感与生命力的立体呈现。

蒋笑茵　讲师

(主要素材：小康乃馨、菊花、小苍兰、六出花、鸢尾叶、樱花枝)

临水照花

用一根枝的不同切口固定花材和器皿，利用枝条的分叉营造出空间感，搭配有线条感的花材，与水面的倒影呈现出花叶水生而立的感觉。

姜蕾 讲师

(主要素材：菊芋、月季、珊瑚果、梭鱼草、紫叶李枝)

立

李枝做四壁，挺拔又婉约。花草穿插依靠，四面皆不同，却又互相连结。慈悲喜舍。

蒋笑茵 讲师

(主要素材：紫叶李、蛇目菊、千日红、石竹、锦葵、菊花)

花之屏

花材借助枝条搭建的架构穿插固定，屏风的画面由花构成，使作品既有花开于屏的感觉又增加了空间感。

姜蕾　讲师

(主要素材:玉兰叶、翠菊、翠珠)

虚实之间

玉兰叶厚实硬挺,前后两色对比鲜明。叶与叶穿插做基底,夏日草花立于其间,纤细娉婷。

苏轶凡 讲师

(主要素材：紫叶李、山归来、六出花)

枯叶与枝

设计上选取季节特有的枯枝与落叶，与季节性的花材组成秋季特有的色彩组合。紫叶李的枝干作为主枝，分叉编织成网。枯叶根据颜色深浅排列放入网中，利用枯叶与枝的支撑插入季节黄色的六初花、紫叶李、山归来，六初花形成叶、枝、花、果的秋季组合。

潘俐伶　花配中级

(主要素材：雏菊、百日草、千日红、纽扣菊、大阿米芹、石竹等)

高空钢索之生活的平衡

有趣的生活，就是每天走上几道不确定通向何处的高空钢索。日升月落，越来越多钢索交错，我一边小心平衡着，一边期盼心血能浇灌出美丽的花儿。

卫矛的造型

通过卫矛搭建的花配结构,其枝条虽然柔软可塑,担其外观坚挺刚硬。结合多种多色的花材穿插,体现其结构的立体和自然生命的多彩。

苏宇　讲师

(主要素材:卫矛、秋菊、多头菊、康乃馨、切花月季)

自然小花园

用麦穗杆做成小捆,固定在花器里。利用麦杆的缝隙可以固定花材,选用轻盈感的花材和叶子营造出一个自然小花园的景象。

夏正妹　讲师

(主要素材:格桑花、麦穗杆、飞燕草)

姜蕾　　讲师

(主要素材：格桑花、石竹、水葱)

浮花

夏日午后，来一杯荡漾着花香的鸡尾酒。

投影

像风筝一样放飞，在空中形成和器型一样的鲜花的面，投影般的趣味。

姜蕾　讲师

(主要素材：玉兰枝、切花月季、康乃馨、格桑花、新西兰叶)

秀色佐餐

是"吃"的"仪式感";是"烟火气"里的"文艺";是"苟且庸常"中"诗的浪漫"。如果餐桌上的花儿会说话,它们会说什么?"肠胃要饭香,灵魂要花香"。

刘梦菩　讲师

(主要素材:中国桔梗、小雏菊、木本红豆、藿香花)

飞出的眷恋

花茎立足于器中,花朵飞将出来,似要挣脱却还有着眷恋。

姜蕾 讲师

(主要素材:万寿菊、大阿米芹、茼蒿花、大丽花)

金梦　专攻课

(主要素材：茶树叶、枯枝、沙棘、蛇目菊)

扁舟一叶

串起的茶树叶宛若一叶扁舟，轻轻飘在水面上。斜风幽幽吹的花儿都低下了头。

花面几何

在设计时考虑几何的组合,选取几何形的四边花器,将有分叉的枝条或缠绕或编织成多面三角几何的立体形状,作为入花的框架和底座。当季的黄色小雏菊,玫瑰作为主花,辅以白色的澳蜡花,常春藤点缀,分成两组,以几何形方式入花,形成三角几何的花的平面,与枝条框架组成几何套几何的自然画面。

苏轶凡 讲师

(主要素材:切花月季、小雏菊、常春藤、澳蜡花)

夏秋的更迭

设计上选取季节特有的梧桐叶,绿色与黄色不等,折叠使其站立并留有空隙作为花配入花,用竹枝的分叉固定。折叠的叶子可单片独立,也可多片汇聚成组。点缀线条优美细巧的格桑花,辅与黄绿相间的梧桐叶,形成夏秋更迭中叶与花的色彩组合。

苏轶凡 讲师

(主要素材:梧桐叶、格桑花)

王雯瑾　花艺设计中级
　　　　花配初级

(主要素材:翠菊、银叶菊、雪松、雏菊、红豆)

秋日绚烂

各色花材交织,加上收获季节的各种果实,金色季节里的一份绚烂缤纷。

李枫　　花艺设计中级
　　　　花配初级

(主要素材：灯台、百日草、非洲菊、翠菊、大阿米芹、垂丝海棠枝)

Autumn Trio

取灯台与垂丝海棠枝构成倒三角框架，各自果实相映成枝条间的跳跃音符，利用枝条分杈作固定，分别投入秋日专属色彩的百日草、非洲菊与翠菊等花材，谱成一曲秋日三重奏。

张战平　花艺设计中级
　　　　花配初级

(主要素材：切花月季、雏菊、紫珠、观赏蕃茄果、紫叶李枝)

春花秋实

秋意浓浓,并非只有萧瑟孤寂。秋,也是一个硕果累累的季节,也是一个让人感到充实季节。

张丽萍　花艺设计中级
　　　　花配高级

(主要素材：新西兰叶、龙柳、百日草)

飘摇

将新西兰叶围制成与花器相契合的形状，内置于花器内，并浮于水中。形态优美的龙柳枝与百日草插入叶子中，一点小小的风，花儿就会随着叶子飘动起来，有风姿摇曳之感。

张丽萍　花艺设计中级
　　　　花配高级

（主要素材：柳树枝条、百日草）

网事

垂杨柳的枝条柔若无骨，像那低吟浅唱的青衣，舞动着长长的水袖。因着它这一柔软的特性，索性在乳白色的花器上编制一个网，展现柳枝另一面的美。最后加入饱和度超高的百日草丰富了作品的色彩。

竹子的曲面造型

选用竹子的分叉弯成月亮型曲线,里面有竹子的细分叉编成的小结构可以固定花材。

夏正姝 讲师

(主要素材:金百合、郁金香、翠珠花、藿香蓟)

苏轶凡　讲师

（主要素材：山归来、小菊）

瓶中屏

选用具有优美线条及果实点缀的山归来作为主枝，利用分叉交错固定在瓶中。沿瓶口伸展的枝条形成一扇屏风的面，修剪掉枝条上多余的小分叉，剩余的分叉编织成屏风的面，疏密交错。利用山归来自有的果实入画，再点缀少许的小菊。

潘璐　讲师

(主要素材：银叶菊、橙色多头菊、女贞果、紫珠、大阿米芹、红豆、南天竹、红瑞木)

秋之牧歌

使用自由的花配手法，利用倾斜固定的枝条间隙进行花艺创作，体现秋风吹起时植物的动态美。各色秋日的代表花材，以及橙色红色的渐变，辅以轻盈柔软的大阿米芹，点缀紫色绿色的果实，以小见大，并利用水面倒影展现秋之魅力。花材色彩、角度、势态不同的立体空间的变化统一。

鲜花拼图

在枝条搭成的几何型框内,用鲜花来做拼图,是适合在炎炎夏日里制作的清凉的作品。

朱嘉 讲师

(主要素材:绣球、洋桔梗、格桑花、大阿米芹、百日草)

彼岸花开

张丽萍　花艺设计中级
　　　　花配高级

(主要素材：石蒜、红豆、柳树枝条、大阿米芹)

夏正姝　讲师

（主要素材：新西兰叶、野棉花、星芹、铁线莲叶子）

新西兰叶的立体框架

镜框的宽度根据器皿口底面的直径来定，将8～9片新西兰叶折，重叠，制作成长方形的镜框并用细竹子分叉做固定。花顺着镜框插入，镜框内侧不需要插花，底部用石头作为装饰。

苏宇　讲师

（主要素材：新西兰叶、翠菊、红瑞木）

叶的立体造型

通过打结编织的手法，将新西兰叶制作出具有曲线感的立体造型。搭配简单的花枝，将红瑞木弯曲成同样具有曲线感的造型，向外延伸同时和巴西叶呼应，提高整体设计感。

夏正姝　讲师

（主要素材：翠珠花、洋桔梗、花毛茛、雏菊、油菜花）

花的圆周

使用柔软的枝条制作有立体感的花环，让其缠绕在器皿的边缘固定，器皿中的水面呈现的美感也是提高设计感的一部分。

花沿着花环的外侧展开，也可有方向性地展开，展现花茎的表情，展现花环枝条的美，留一部分不插花露出枝条结构的美感。

夏正姝　讲师

(主要素材：芭蕉叶、铁线莲叶子)

芭蕉叶的立体造型

用几张芭蕉叶重叠，叶子的一半部分剪开成细条之后互相打结编织起来，打结部分的缝隙可以固定花材。叶子的底部形成一定的厚度，并站立在花器里面。

蒋笑茵　讲师

(主要素材：灯台、切花月季)

枝的模样

枝有粗有细，有疏有密，把它们有层次地固定在花器中，平常都是花做主角，偶尔也来好好欣赏一下枝条的模样。

花的曲面

不同高度、深浅、粗细的曲线结构形成 1/4 的圆弧。顺着曲面利用树枝的缝隙固定花材,将花斜向伸展强调曲面效果,加入细长的鸢尾叶穿过花间凸显出曲面美感。

夏正姝　讲师

(主要素材:红瑞木、鸢尾叶、花毛茛、香雪兰、珍珠绣线菊)

夏夜圆舞曲

花器内新西兰叶编制的底座,犹如系在腰间的松紧带。放射状的花朵围成一圈,姿态万千,如同翩翩起舞的裙摆,舞蹈着一场夏夜圆舞曲。

张洁莹　花艺设计中级

(主要素材:新西兰叶、洋桔梗、六出花、小雏菊、薄荷、石竹)

基本技法
BASIC SKILLS

简 要 清 通

图文 / 赵菁

花艺设计

所谓花艺设计就是
将自然界的各种植物,根据不同的目的,引入各种各样的生活空间,发挥其作用,享受其乐趣,同时以此为素材创造自己的世界。

1 几何造型是花艺设计中非常重要的造型概念

几何造型的形式是简洁的,经典的,具有形式上的美感,很容易和环境空间融合在一起,起到装饰的效果。
比如长方形,水平线形,直立形,圆形等等。

花艺设计中,花泥是一种常见的固定方式。
花泥吸满水分,可以提供花茎水分。
花泥通常放在器皿中使用。
而花泥的切法也要配合造型的需要。如果要插的造型四面八方都需要有花,花泥通常会高出器皿1~2厘米,四面切成斜面,以增加插花需要的面。

可以往器皿中加水,保持花泥湿润。

普通插花,花泥的厚度一般控制在 10 厘米以内都是可以的。不用将花泥填满整个花器,如果是比较高的花器,比如花瓶,也只要保证瓶口的地方有 10 厘米左右的花泥就可以了。如果有些花的造型需要嵌入到花器里面的,花泥还需要再削得深一些,有些甚至要在花泥里面挖出花的厚度来。

如果有些造型,只是需要平面的插花,那花泥可以和花器口平,在保证花茎插入的深度的同时甚至低于花器都是可以的。

2 焦点花

几何造型中,通常会有焦点花的存在。

焦点花是指一个作品中,第一眼看过去,视线就被吸引的那朵花。视觉焦点花可以是一朵,也可以是前后同样品种颜色的两朵花。根据设计造型需要,视觉焦点花通常贴着器皿边缘斜向上呈现45度角,并且距离花器大约有10~15厘米的距离。

3 墙面的装饰

传统的花道,常常需要使用花瓶,花盘等器皿,而花艺设计是更为自由的概念,只要能让植物吸收水分,墙面也是适合的载体。
墙面上的装饰,好比一幅立体的图画,实用性自由度不言而喻。

4 花艺设计的目的也常常会和节日联系在一起

在特殊的节日里面,利用特殊元素进行创作,可以达到烘托气氛的作用。
新年的时候常常会用到竹子、松、以及各种红色的果子;
复活节的时候会用到鸡蛋,以及一些早春嫩黄嫩粉的草花;
母亲节会用到康乃馨,还有诸如万圣节的南瓜,圣诞节的松枝松果等等,都是特殊日子里面应景的元素。

当然,在送亲朋好友礼物的时候加入花的元素,将礼物和花包装在一起,也是非常能够体现送礼人的心意。

5 其他

花艺设计涵盖面非常广泛,只要是用花艺的元素设计出有美感的作品,几乎都可以归为此类。比如用叶子制作一个花艺包包。
制作花环,蜡烛花艺等等装点餐桌、花器也不仅限于传统意义上的花瓶花盘,也可以是餐具,酒杯等等,花材也不局限于鲜花,更可以是蔬菜,水果,干花等等。

捧花基本技法

1 洛可可风格捧花

如果把花束简单地束起来,花头的方向一般都是朝上的。怎样能够让花头呈现出球面冠状呢?因为只有当花头像伞一样的打开,才能够让大家可以欣赏到每一朵花的美。这个时候就要用到洛可可的捧花手法。换一句话来说就是把花茎螺旋状的打开,中间最细的地方用绳子固定,这样每一朵花就可以斜向地呈现出姿态来了。

这种技法非常实用,是所有捧花技巧中最为广泛,快速的技法。
在普通花店里看到的花束,常常就是用这种技法制作的。

把花茎上的叶子清除干净,留下花头和干净的花茎。叶子可以仅保留靠近花头的几片,也可以全部去除干净。

按照花束的大小决定手捏的位置。

手捏的位置是整个花束的结构焦点是整个花束最细的位置,也就是绑绳子的部位,位置越低,花束越大,位置越高,花束越小。

单一方向的摆放花茎,只能朝一个方向旋转,放几支可以稍微旋转一下手中的花束,以达到整个花束平均圆润的目的。

做完花束以后，如果不及时插瓶，就要对花茎进行保水处理。

2 使用铁丝来固定花茎的"U型"缠绕法

捧花的造型非常多变，但是自然界的植物花茎通常都是直的，可是如何能让花朵安置在捧花作品某一个固定的点上呢？这就需要用到花艺铁丝。使用铁丝是非常专业的捧花技巧，婚礼的高级定制捧花就会使用到。把花茎剪短到需要的长度，在花茎靠近底端2厘米处用适当粗细的花艺铁丝对花茎进行"U型"缠绕。

在铁丝外面裹上花艺胶布。

另外还可以给缠绕铁丝的花茎保水,用来延长捧花的良好状态。

每一朵花或叶子都用同样的方法缠绕铁丝，区别在于剪花茎的长短不同，这样可以决定每一朵花在捧花中的位置。
最后统一归纳到捧花的结构焦点中去。结构焦点以上是自然花茎，结构焦点以下是铁丝。
铁丝最后束成一束，变成捧花的手柄。

这种技法对于制作者专业技巧要求非常高。
包括如何按照不同粗细的花茎挑选合适尺寸的铁丝，如何让花有自然的轻微震颤而不是僵硬的挺直，这些都是需要长期练习才能够达到熟练的效果。

3 其他的技法

高级捧花使用的技法非常繁多，
这里举例两种方法：

花瓣组装法

将花瓣拆开

几片差不多大小的花瓣重叠以后,用铁丝穿过。

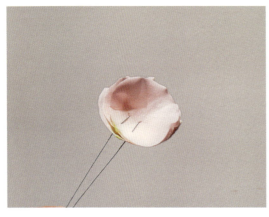
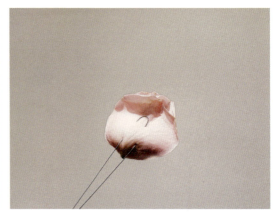

最后再拼装成一朵大花。

架构法

这是一种捧花的思路。架子的造型其实很多变,我们举一个例子可以用各种材料,比如铝丝、铁丝等等先制作架子。

然后用草叶装饰这个架子。

最后在里面插花。

有的时候一种捧花会结合很多种不同的技法在一起，这就需要花艺师按照不同的花材品种，不同的目的要求，来进行创作和组合了。

花配基本技法

花配 (hanakubari) 是指利用各种自然素材，比如植物的枝、叶、茎、根、藤、花等，又如石头、竹炭、金属等材料，让花朵自然站立的固定手法。

1 枝条的固定方法

夹，是把比较粗壮的枝条纵向剪开，夹在薄的器皿边缘，用来固定枝条的技法。

束，把许多短枝条剪齐、束起，在枝条和枝条的缝隙之间插花的方式。

分割，在器皿里，用枝条分割器皿口的空间，把较大的空间变成小的区域以后插花的方式。

2 枝条的修剪和编织

自然枝条的方向很难完全按照人为的意志生长。如何改变枝条的方向,来进行作品创作也是非常重要的。

折,在枝条的一边剪开一个口,大约是茎的一半,但是不要剪到底,然后朝反方向折过去。这样枝条就会折弯但并不会折断。

揉,有一些枝条看似很硬,可是一但使用外力对枝条进行揉压,枝条里面的纤维就会变软,从而可以起到改变方向的效果。

捆绑，在枝条和枝条相交的地方，可以用绳子固定。

3 树叶的处理技巧

树叶有很多特性，充分利用不同树叶的特性进行创作也是花配的一大主题。

比较硬的树叶可以串起来。比如茶树叶。用竹签等材料串起来，形成可以插花的空间。

又长又有一定厚度的树叶,可以劈丝,然后织网,或者打结,比如新西兰叶。

柔软旦长的叶子,可以卷起来作为花配的固定。比如芭蕉叶,鸟巢蕨,叶兰叶等等。

不仅新鲜的树叶可以折叠,枯叶也可以进行创作,折叠成方形,再用竹签串起来固定,也可以用来插花。

花配的手法不是单一的,有时一个作品是一种手法的极致体现,有的时候却是不同手法的有机组合,这就在于花艺师就地取材,根据材料进行不同的创作,从而创造有想象力的作品。

关于 J-flower 花艺教室

J-flower 花艺教室由张杰于 2010 年在上海正式成立,是 MAMI Flower 在中国国内第一家指定教室,至今学员已经发展到 400 多人。

J-flower 花艺教室严格按照 MAMI 教材和课程授课,学员管理规范,与日本本部沟通密切,时时更新。学习完初级、进阶、高级花艺课程的学生,可去东京本部修专攻课程,并且考取 MAMI 讲师资格。

目前在 J-flower 花艺教室学习并已经在日本取得讲师资格的人数已将近 40 名,每年还不断有学生去日本本部报考进修。

J-flower 的花艺风格不拘泥于传统的日式花艺,擅长使用植物自身的各种形态如枝、叶、茎、藤等来展现花的不同姿态,以花为本注重花是有生命的植物,突出花本身的气息。同时也倡导充分利用自然界的各种元素和材料,与如今环保再利用的风潮相一致。

后注：

* 本书的捧花、节日、花艺设计、花配四个章节中挑选的作品，均为学生在课堂上完成的作品。
* 所选的图片只是其学生时期的作品。后来多数学生已考取了讲师资格，
* 所以作者级别和作品课程级别会有所出入。
* 为给大家呈现更好的视觉内容，《有花的日子》作品由 J-flower 花艺教室创始人张杰及其学生设计完成，其中资深讲师赵菁深度参与作品设计及图文整理。

花园时光系列书店

花园时光微店

图书在版编目（CIP）数据

有花的日子：超人气日式花艺设计课 / 陈暖主编
. -- 北京：中国林业出版社, 2019.5
　ISBN 978-7-5219-0008-8

Ⅰ.①有… Ⅱ.①陈… Ⅲ.①花卉装饰 - 装饰美术
Ⅳ.①J535.12

中国版本图书馆CIP数据核字(2019)第060442号

责 任 编 辑：	印芳　袁理
出 版 发 行：	中国林业出版社
地　　　　址：	北京市西城区刘海胡同7号
邮 政 编 码：	100009
电　　　　话：	010-83143565
印　　　　刷：	固安县京平诚乾印刷有限公司
版　　　　次：	2019年5月第1版
印　　　　次：	2019年5月第1次印刷
开　　　　本：	889mm×1194mm　1/24
印　　　　张：	12
字　　　　数：	400千字
定　　　　价：	88.00元